Alexy Laurenzi

Destins

Books On Demand

Personnages :

Louis
Claude
Berra
André
Fernand
Eddy
Samia
Un journaliste
Un photographe
Monsieur Henry
Yolanda
Jean
Jean
Bruno
Le patron
Deux hommes du public
Une secrétaire
Une standardiste
La maquilleuse
Une réceptionniste
Un fan
Un journaliste
Monsieur Gontran
Marie Louise
Un autre journaliste
La serveuse
Un serveur
Gilles
Le prêtre
Madame de Montesquieu
Franck
Un photographe
Henry.B
Henry
Un garçon
Un fan
Un serveur

Cette œuvre est une fiction.

Paris 1959, un café de Montmartre, un barman balaye le sol, le patron au comptoir essuie les verres, un client lit son journal, un homme rentre.

L'homme : Bonjour
Le patron : C'est pourquoi ?
L'homme : Je me présente Antoine Martin, codirecteur du Flamerian
Le patron : Le Flamerian ?!!!
L'homme : Le music-hall qui vient d'ouvrir place des capucins
Le patron : Et en quoi je peux vous être utile ?
L'homme : Nous organisons des auditions les 13 et 14 janvier pour découvrir de nouveaux talents !
Le patron : En quoi cela a t-il un rapport avec mon café ?!!
L'homme : Vous pourriez mettre cette affiche en exposition ?
Il déplie l'affiche et lui montre.
Le patron : Non monsieur !
L'homme : Pour quelles raisons ?
Le patron : Il s'agit d'une maison honnête ici, il y a d'autres endroits pour vos affaires de saltimbanques
L'homme : Comme vous voudrez, je vous en laisse une au cas où vous changeriez d'avis
Il la pose sur le comptoir, salut le patron et sort. Le propriétaire du bar prend l'affiche, la froisse, la jette à la poubelle puis se remet à essuyer ses verres.
Le patron : Tous ces artistes, une bande de fainéants !! Louis !!
Louis : Oui Monsieur ?
Le patron : N'oublies pas de sortir la poubelle avant de partir
Louis : Non Monsieur
Le patron prend sa veste au porte manteau et part sans rien dire, le client paye son verre à louis et part à son tour. Louis prend la poubelle, et va la vider dans la cour, il voit l'affiche, pose la poubelle, prend l'affiche, la défroisse, et la regarde.
Louis : Venez tenter votre chance au Flamerian et devenez l'étoile de demain…
Il la plie, la met dans sa poche, prend la poubelle et rentre dans le bar.
Le lendemain matin.

Louis : Patron
Le patron : Oui !
Louis : Je pourrais partir plus tôt ce soir ?
Le patron : Partir plus tôt pourquoi ?
Louis ment.
Ma mère…. Ma mère est malade et elle a besoin que je fasse les courses chez Ranel avant de rentrer chez nous....
Le patron : Elle a pourtant l'air bien portante, dis plutôt que tu veux aller à ce music-hall !
Louis ne répond pas.
Le patron : Alors ?!
Louis : Oui monsieur.......
Le patron : C'est entendu
Louis : Merci Monsieur
Le patron : Bien entendu je déduirai cela de ton salaire, tu partiras à 17h
Louis : Bien Monsieur
Le patron : En attendant vas travailler
Il se met au travail, le soir même, louis retire son tablier, il le pose sur un porte manteau accroché à la porte.
Louis : J'y vais monsieur !
Le patron : D'accord, viens une heure plus tôt demain
Louis : Bien Monsieur, à demain
Il part.
Le patron : N'a ton jamais vu pareil rêveur, pauvre France !!
Il range le comptoir.
Au Flamerian, Louis marche doucement dans le hall tellement il était impressionnant, il avance vers la secrétaire du directeur qui tape à la machine.
Louis : Bonjour
Elle le regarde.
La secrétaire : Oui Bonjour
Louis : C'est bien ici les auditions ?
La secrétaire : Deuxième étage à droite dans la grande salle
Louis : Merci….
La secrétaire se remet à taper à la machine. Il monte les escaliers, et se dirige vers la grande salle rentre, et voit des artistes de tous types défiler sous les yeux d'un jury, un homme s'avance vers lui.
L'homme : Vous venez pour l'audition ?

Louis : Oui....
L'homme : La prochaine fois prenez l'entrée des artistes, suivez-moi
Il l'emmène dans les coulisses.
Attendez votre tour vous êtes le numéro 525
Il part. Tout autour de lui de jeunes talents répètent leurs textes ou leurs chansons dans l'espoir de décrocher le titre de leur vie. Il est nerveux, il entend la voix d'une candidate qui interprète un monologue de Racine.
Claude : « Ah ! Cruel, tu m'as trop entendue !
Je t'en ai dit assez pour te tirer d'erreur.
Eh bien ! Connais donc Phèdre et toute sa fureur.
J'aime. Ne pense pas qu'au moment que je t'aime,
Innocente à mes yeux, je m'approuve moi-même,
Ni que du fol amour qui trouble ma raison,
Ma lâche complaisance ait nourri le poison.
Objet infortuné des vengeances célestes,
Je m'abhorre encore plus que tu ne me détestes.
Les dieux m'en sont témoins, ces dieux qui dans mon flanc
Ont allumé le feu fatal à tout mon sang ;
Ces dieux qui se sont fait une gloire cruelle
De séduire le cœur d'une faible mortelle [1] ».
Applaudissements.
Un membre du jury : Merci Mademoiselle
Elle salut et sort de scène.
Le jury : Numéro 525 !!
Il la suit du regard, il n'entend pas son numéro.
Numéro 525 !!!
L'homme qui l'avait conduit en coulisse revient.
L'homme : Qu'est-ce que vous faites ? C'est à vous mon vieux !!
Louis : C'est à moi ?
L'homme : Oui dépêchez-vous !!
Il entre sur scène, l'homme part.
Le jury : Nom ?
Louis : Louis... Louis Berton
Le jury : Que voulez-vous nous interpréter ?
Louis : « Cyrano de Bergerac ».
Le jury : Nous vous écoutons !!

---

[1] Phèdre.

Louis : « Ah ! Non ! C'est un peu court, jeune homme !
On pouvait dire... oh ! Dieu ! ... bien des choses en somme...
En variant le ton, —par exemple, tenez :
Agressif : « moi, monsieur, si j'avais un tel nez,
Il faudrait sur le champ que je me l'amputasse ! »
Amical : « mais il doit tremper dans votre tasse :
Pour boire, faites-vous fabriquer un hanap ! »
Descriptif : « c'est un roc ! ... c'est un pic... c'est un cap !
Que dis-je, c'est un cap ? ... c'est une péninsule ! »
Curieux : « de quoi sert cette oblongue capsule ?
D'écritoire, monsieur, ou de boîte à ciseaux ? »
Gracieux : « aimez-vous à ce point les oiseaux
Que paternellement vous vous préoccupâtes
De tendre ce perchoir à leurs petites pattes ? »
Truculent : « ça, monsieur, lorsque vous pétunez,
La vapeur du tabac vous sort elle du nez
Sans qu'un voisin ne crie au feu de cheminée ? »
Prévenant : « gardez-vous, votre tête entraînée
Par ce poids, de tomber en avant sur le sol ! »
Tendre : « faites-lui faire un petit parasol
De peur que sa couleur au soleil ne se fane ! »
Pédant : « l'animal seul, monsieur, qu'Aristophane
Appelle hippocampelephantocamélos
Dut avoir sous le front tant de chair sur tant d'os ! »
Cavalier : « quoi, l'ami, ce croc est à la mode ?
Pour pendre son chapeau c'est vraiment très commode ! »
Emphatique : « aucun vent ne peut, nez magistral,
T'enrhumer tout entier, excepté le mistral ! »
Dramatique : « c'est la Mer Rouge quand il saigne ! »
Admiratif : « pour un parfumeur, quelle enseigne ! »
Lyrique : « est-ce une conque, êtes-vous un triton ? »
Naïf : « ce monument, quand le visite-t-on ? »
Respectueux : « souffrez, monsieur, qu'on vous salue,
C'est là ce qui s'appelle avoir pignon sur rue ! »
Campagnard : « hé, ardé ! C'est-y un nez ? Nanain !
C'est queuqu'navet géant ou ben queuqu'melon nain ! »
Militaire : « pointez contre cavalerie ! »

Pratique : « voulez-vous le mettre en loterie ? Assurément, monsieur, ce sera le gros lot ! [2] *»*
Le jury : Et bien mon ami vous devriez vous lancer dans le comique
Rire général.
Numéro : 526 !
Il sort de scène et croise le regard de Claude, elle lui sourit.
Claude : Ça c'est bien passé ?
Louis : Ça les a fait rire....
Claude : C'est plutôt bien non ?
Louis : Comment ça ?
Claude : Si je me trompe vous avez interprété Cyrano de Bergerac non ?
Louis : Oui...
Claude : Ce rôle n'est-il pas fait pour faire rire ?
Louis : Vous croyez ?
Claude : J'en suis certaine, comment vous appelez vous ?
Louis : Louis...
Claude : Enchanté je m'appelle Claude
Louis : Un joli prénom
Claude : Vous êtes flatteur
Quelques heures plus tard, le directeur du Flamerian vient dans les coulisses.
Le directeur : Mesdames, Mesdemoiselles, Messieurs, le jury a délibéré et à sélectionné seulement quatre d'entre vous, Claude, Louis, André, Fernand !
Claude : Louis c'est merveilleux
Louis : Haha
Il lui fait la bise.
Claude : Attendez ! André, Fernand, venez vite......
Ils arrivent.
Laissez-moi vous présenter Louis, un acteur comique pleins de talents
Louis sourit.
Louis : Enchanté
André : Enchanté, bravo pour votre nomination
Fernand : Oh oui bravo, votre interprétation de Cyrano m'a époustouflé

---

[2] Cyrano de Bergerac.

Louis : C'est très gentil merci
André : Que diriez-vous d'aller fêter notre victoire au restaurant ?
Claude : Oh oui bonne idée, Louis vous nous accompagnez ?
Louis : C'est que je n'ai rien sur moi....
André : C'est ma tournée
Ils se rendent dans un restaurant près de la Seine.
Le lendemain Louis retourne à son travail dans le café de Montmartre. Arrive Claude.
Le patron : Bonjour mademoiselle
Claude : Bonjour, monsieur, louis est là ?
Le patron : Oui il est là-bas
Il pointe Louis du doigt.
Elle se dirige vers Louis.
Claude : Bonjour Louis
Louis : Claude ? Que fais-tu ici ?
Claude : Le directeur du Flamerian désire nous voir dans son bureau cet après-midi
Louis : Oh mais c'est merveilleux
Il se jette dans ses bras.
Monsieur, je pourrais prendre mon après-midi ?
Le patron : Tu sais que c'est un commerce que je tiens ?
Louis : Monsieur, on a été sélectionné pour être les nouveaux talents
Le patron : Je ne peux plus compter sur toi…. Tu es renvoyé !
Louis : Mais monsieur…
Le patron : Je te dois trois semaines, tu viendras les chercher demain matin
Il pose son tablier sur le comptoir part en silence, Claude le suit.
Claude : Louis, très bientôt, tu seras riche.
Quelques heures plus tard, dans le bureau du directeur du Flamerian.
Bruno : Jeunes gens, je vous félicite vos prestations ont convaincu le jury et vous propose par conséquent un contrat de deux ans dans notre établissement.
Il se lève.
Bruno : Marie-Louise, apportez-moi les contrats je vous prie
Marie Louise : Tout de suite Monsieur
Il revient, s'assoit sur son fauteuil, fume un cigare, la secrétaire arrive et pose les documents sur le bureau.

Bruno : Tenez voilà trois contrats, vous n'avez qu'à les signer et tout sera en règle
Ils prennent les contrats, les lisent, prennent les stylos, et signent.
Bruno : Bienvenue dans la grande famille du music-hall !
Quelques jours plus tard, lors de leur grande première au Flamerian, Louis est nerveux. Claude s'approche de lui.
Claude : Louis ça ne va pas ?
Louis : Je me sens un peu nerveux
Claude : Ne t'inquiète pas ça fait toujours cet effet la première fois
Louis : J'espère......
Arrivent Fernand et André.
Fernand : Eh bien les enfants, qu'est-ce qui se passe ?
Claude : Louis a le trac
André : Rassures-toi, c'est toujours comme ça au début, tout ce que demande le public c'est que tu donnes le meilleur de toi-même
Claude : C'est ce que je lui ai dit
André lui tapote l'épaule.
André : Allez mon vieux, courage ça va aller
Louis : Oui on verra…
Tonnerre d'applaudissements.
Claude : Çà commence
Le présentateur : Mesdames, Messieurs en cette soirée au Flamerian, vous allez découvrir de jeunes talents qui ont conquit le cœur du jury, lors des sélections, Je vous demande d'accueillir Monsieur Louis Berton !!!!
Applaudissements.
Claude : Vas-y, ne t'inquiète pas nous sommes là
Il rentre sur scène, il improvise des grimaces et des expressions, qui font mourir de rire le public.
Louis : « Il crie au voleur dès le jardin, et vient sans chapeau : Au voleur ! Au voleur ! À l'assassin ! Au meurtrier ! Justice, juste Ciel ! Je suis perdu, je suis assassiné, on m'a coupé la gorge, on m'a dérobé mon argent. Qui peut-ce être ? Qu'est-il devenu ? Où est-il ? Où se cache-t-il ? Que ferai-je pour le trouver ? Où courir ? Où ne pas courir ? N'est-il point-là ? N'est-il point ici ? Qui est-ce ? Arrête. Rends-moi mon argent, coquin ».
Tonnerre de rire dans la salle, Claude, Fernand, André le regarde.
Claude : Ca à l'air de bien marcher

Louis : « *Ah ! C'est moi. Mon esprit est troublé, et j'ignore où je suis, qui je suis, et ce que je fais. Hélas ! Mon pauvre argent, mon pauvre argent, mon cher ami ! On m'a privé de toi ; et puisque tu m'es enlevé, j'ai perdu mon support, ma consolation, ma joie ; tout est Fini pour moi, et je n'ai plus que faire au monde : sans toi, il m'est impossible de vivre. C'en est fait, je n'en puis plus ; je me meurs, je suis mort, je suis enterré. N'y a-t-il personne qui veuille me ressusciter, en me rendant mon cher argent, ou en m'apprenant qui l'a pris ? Euh ? Que dites-vous ? Ce n'est personne. Il faut, qui que ce soit qui ait fait le coup, qu'avec beaucoup de soin on ait épié l'heure ; et l'on a choisi justement le temps que je parlais à mon traître de fils. Sortons. Je veux aller quérir la justice, et faire donner la question à toute la maison : à servantes, à valets, à fils, à fille, et à moi aussi. Que de gens assemblés ! Je ne jette mes regards sur personne qui ne me donne des soupçons, et tout me semble mon voleur. Eh ! de quoi est-ce qu'on parle là ? De celui qui m'a dérobé ? Quel bruit fait-on là-haut ? Est-ce mon voleur qui y est ? De grâce, si l'on sait des nouvelles de mon voleur, je supplie que l'on m'en dise. N'est-il point caché là parmi vous ? Ils me regardent tous, et se mettent à rire. Vous verrez qu'ils ont part sans doute au vol que l'on m'a fait. Allons vite, des commissaires, des archers, des prévôts, des juges, des gênes, des potences et des bourreaux. Je veux faire pendre tout le monde ; et si je ne retrouve mon argent, je me pendrai moi-même après* [3] ».
Le public se lève et applaudit.
Le public : BRAVO ! BRAVO ! BRAVO ! BRAVO ! BRAVO ! BRAVO ! BRAVO !
Il salut et part dans les coulisses.
Claude : Louis tu as été fantastique
André : Toutes mes félicitations l'ami
Louis : Merci
Claude : Je savais que tu réussirais
Le présentateur : Mademoiselle Claude Bergac
Applaudissements.
Elle entre sur scène, Louis la regarde des coulisses.
Louis : Quelle femme formidable....

---

[3] Monologue de l'Avare.

Claude : « Mon père,
Cessez de vous troubler, vous n'êtes point trahi.
Quand vous commanderez, vous serez obéi.
Ma vie est votre bien. Vous voulez le reprendre
Vos ordres sans détour pouvaient se faire entendre.
D'un œil aussi content, d'un cœur aussi soumis,
Que j'acceptais l'époux que vous m'aviez promis,
Je saurai, s'il le faut, victime obéissante,
Tendre au fer de Calchas une tête innocente,
Et respectant le coup par vous-même ordonné,
Vous rendre tout le sang que vous m'avez donné.
Si pourtant ce respect, si cette obéissance,
Paraît digne à vos yeux d'une autre récompense,
Si d'une mère en pleurs vous plaignez les ennuis,
J'ose vous dire ici qu'en l'état où je suis
Peut-être assez d'honneurs environnaient ma vie
Pour ne pas souhaiter qu'elle me fût ravie,
Ni qu'en me l'arrachant un sévère destin
Si près de ma naissance en eût marqué la fin.
Fille d'Agamemnon, c'est moi qui la première,
Seigneur, vous appelai de ce doux nom de père.
C'est moi qui, si longtemps le plaisir de vos yeux,
Vous ai fait de ce nom remercier les Dieux,
Et pour qui tant de fois prodiguant vos caresses,
Vous n'avez point du sang dédaigné les faiblesses.
Hélas ! avec plaisir je me faisais conter
Tous les noms des pays que vous allez dompter ;
Et déjà d'Ilion présageant la conquête,
D'un triomphe si beau je préparais la fête.
Je ne m'attendais pas que pour le commencer,
Mon sang fût le premier que vous dussiez verser.
Non que la peur du coup, dont je suis menacée,
Me fasse rappeler votre bonté passée.
Ne craignez rien. Mon cœur, de votre honneur jaloux,
Ne fera point rougir un père tel que vous,
Et si je n'avais eu que ma vie à défendre,
J'aurais su renfermer un souvenir si tendre.
Mais à mon triste sort, vous le savez, Seigneur,
Une mère, un amant attachaient leur bonheur.

Un roi digne de vous a cru voir la journée
Qui devait éclairer notre illustre hyménée.
Déjà, sûr de mon cœur à sa flamme promis,
Il s'estimait heureux, vous me l'aviez permis.
Il sait votre dessein, jugez de ses alarmes.
Ma mère est devant vous, et vous voyez ses larmes.
Pardonnez aux efforts que je viens de tenter
Pour prévenir les pleurs que je leur vais coûter [4] ».
Applaudissement du public.
Bravo ! Bravo ! Bravo ! Bravo ! Bravo !
Elle salut et sort de scène.
Un homme : Elle fera une grande carrière j'en suis sur !
L'autre homme : Tu veux parier ?
Un homme : 500 francs !!!
Ils se serrent la main.
L'autre homme : Pari tenu
Le lendemain dans le bureau de Bruno.
Bruno : Regardez !!
Il tend un journal à Louis.
Louis : Quatre nouvelles vedettes ont triomphé hier soir sur la scène du Flamerian
Il regarde Bruno.
Ils parlent de nous……
Bruno : Naturellement, et ça ne fait que commencer croyez moi
Il fume un cigare.
André : Ça s'arrose non ?
Bruno se lève en souriant, ouvre le placard de son bureau, et sort cinq flûtes et une bouteille de champagne, il sert les verres, ils prennent leurs verres.
Claude : Santé mes amis
Elle lève son verre, les autres la suivent.
Au petit matin après une virée en boite de nuit.
Louis : Tu habites loin ?
Claude : Une petite chambre dans le quinzième
Louis : Je te raccompagne si tu veux, il n'y a pas encore de métros à cette heure ci
Claude lui sourit.

---

[4] Iphigenie.

Claude : Avez plaisir
Louis : Alors allons-y
Ils partent en direction de chez Claude et arrivent trente minutes plus tard.
Claude : Merci
Elle lui sourit.
Tu restes pour la nuit ?
Ils se regardent, elle ouvre la porte, entrent et montent.
Le lendemain matin vers onze heures, Claude prépare deux cafés, Louis se réveille. Elle lui sourit.
Louis : Bonjour
Ils s'embrassent.
Louis : Quelle heure il est ?
Claude : 11h15
Louis : Tu as bien dormi ?
Elle lui sourit, acquiesce de la tête, il lui tend les bras, elle se blottit contre lui.
Quelques heures plus tard, dans la rue en partance pour le music-hall.
Un admirateur s'approche d'eux.
L'admirateur : Monsieur, Mademoiselle, je pourrais avoir un autographe ?
Louis se sent mal à l'aise.
Claude : Louis ?
Il prend le stylo et signe, Claude fait de même.
L'admirateur : Merci
Claude : C'est un plaisir
Ils repartent chacun de leur cotés.
Le soir même au Flamerian, Louis est comme à son habitude très nerveux. André s'approche de lui et le prend par l'épaule.
André : Allons, Louis, il n'y a aucune raison que ça se passe mal, il n'y a qu'à lire les journaux
Applaudissements, Louis Claude et une autre comédienne entrent sur scène.
Louis : « Agréable prison, qui tiens dans ton espace Le plus parfait objet, où respire la grâce,
Où les perfections animent les trésors
Que prodigua le ciel à former un beau corps,
Que tes liens sont doux, que tes chaînes sont belles

Et propres à dompter les âmes plus rebelles,
Quand je vois tant d'attraits et de feux glorieux
Sur un même visage et dans les mêmes yeux,
Et sentant les effets de leur flamme divine
Dans ce ravissement mon esprit s'imagine,
Qu'une éternelle nuit doit couvrir l'horizon,
Puisque ce lieu retient le Soleil en prison
La Nature a rendu cette place si forte,
Pour garder le plus beau des trésors qu'elle porte
C'est ici que l'Amour déchu de tous ses droits
Se trouve enfin captif dessous ses propres lois,
Je le vois dans les yeux de celle qui m'enflamme
Qui tâche à se loger et vivre dans son âme,
Et toujours je l'entends qui me dit en ce lieu
Que je suis trop hardi d'être rival d'un dieu,
Et qu'étant né mortel le transport qui me presse
Me rend coupable et fou d'aimer une déesse ;
Mais s'il croit en cela, que je sois insensé,
Que peuvent ses raisons sur un esprit blessé ?
N'est-il pas comme moi dans la mélancolie
D'être si raisonnable avec ma folie.
Non, non, c'est sans sujet, qu'un soupçon envieux
Me fait ainsi parler du plus puissant des dieux,
Hé ? Quoi penser ingrats, n'avez-vous peu connaître
Qu'il est le seul auteur du bien que je vois naître ?
Et qu'il est seulement dans les yeux d'Argenis
Pour disposer son âme à mes feux infinis
Déjà de beaux effets m'assurent qu'il s'emploie
À mettre ici d'accord ma fortune, et la joie,
L'amitié d'Argenis flatte déjà mes sens
De l'espoir de guérir des maux que je ressens,
Tous les plus grands plaisirs, que le ciel lui destine
Lui semble imparfaits sans avoir Theocrine, ».
Rires dans la salle.
Elle me dit souvent sans malice et sans fard,
Qu'elle craint plus la mort, que mon triste départ
Que je suis de ses maux le souverain remède
Que je suis tout son cœur, qu'enfin je le possède,
Et que puisque le sort me fait présent du sien,

Pour vivre heureusement il lui faudrait le mien,
Vivez donc sans ennui, beau sujet de ma flamme,
Puisque vous possédez et mon cœur et mon âme,
Ainsi l'amour tarit les ruisseaux de mes pleurs,
Et présente à mes vœux son carquois plein de fleurs,
Mais que me servira ma poursuite amoureuse,
Si l'on ne m'aime ici, qu'en fille malheureuse ».
Claude : *« Vous plairez vous toujours d'entretenir*
Ainsi L'importune vigueur d'un rigoureux souci,
Il faut enfin quitter vos plaintes et vos larmes,
Et que votre entretien nous redonne ces charmes »
Louis : Me *voilà toute prête à vos commandements,*
Je ne respire rien que vos contentements.
Claude : *« Reprenons maintenant l'agréable aventure, de qui votre discours nous a fait l'ouverture*
Une autre comédienne :
« C'est assez discourir, il est temps que le bruit
Nous laisse disposer du repos de la nuit,
Déjà l'heure nous presse, et le somme convie À prendre les faveurs qu'il donne à notre vie ».
La nuit est arrivée au milieu de son tour,
Je crois que vous voulez en faire un autre jour»[5].
Le public : Bravo ! Bravo ! Bravo ! Bravo !
Ils saluent et rentrent dans les coulisses.
Louis : Quel bonheur mes amis
Claude saute au coup de Louis.
André : Fantastique
Bruno arrive.
Bruno : Félicitations, Claude, Louis suivez-moi s'il vous plaît
Ils le suivent.
Bruno : Que diriez-vous de participer à une émission de télévision ?
Louis : La télévision….
Claude : Nous acceptons
Rires Joyeux.
Louis : Vous viendrez avec nous ?

---

[5] Argenis et Poliarque.

Bruno : Cela ne sera pas nécessaire, présentez-vous à l'accueil des studios de Boulogne Billancourt samedi à 14h, ils vous attendent.
Il part.
Claude : Louis, la gloire frappe enfin à la porte, nous serons très vite célèbres !
Il la prend dans ses bras et l'embrasse.
André et Fernand arrivent à leur tour.
André : Alors les tourtereaux
Ils s'éloignent l'un de l'autre.
André : Allons mes amis, vivez votre amour au grand jour !
Le samedi suivant aux studios de Boulogne Billancourt, ils avancent à l'accueil, ils sont reconnus de suite par l'hôtesse.
L'hôtesse : Bonjour, vous avez trouvé facilement ?
Claude : Oui je vous remercie
L'hôtesse : Asseyez-vous je vais prévenir Monsieur Mery
Louis : Monsieur Mery ?
L'hôtesse : Le directeur de la chaîne
Elle part.
Louis : Asseyons-nous
Ils s'assoient.
Monsieur Mery arrive.
Monsieur Mery : Mademoiselle, Monsieur, permettez-moi de vous souhaiter la bienvenue dans nos studios
Claude : Enchanté
Monsieur Mery : Si vous voulez bien me suivre
Ils le suivent au plateau 16. Une jeune femme brune s'approche d'eux, elle leur sourit.
Yolanda : Bonjour
Louis : Bonjour
Claude : C'est un honneur pour nous, j'aime beaucoup vos chansons
Yolanda : C'est très gentil merci
Le directeur de la chaîne arrive sourit et fait la bise à Yolanda.
Monsieur Mery : Bonjour Yolanda
Yolanda : Ciao
Monsieur Mery : Yolanda, laisse-moi te présenter Louis et Claude, ils vont enregistrer leurs premières émissions

Yolanda : Félicitations, - *Au directeur-* je dois y aller Lucien m'attend

Monsieur Mery : A plus tard

Il lui fait la bise.

Yolanda- *aux deux artistes-* : Au revoir

Elle part.

Monsieur Mery : Je vais vous présenter l'animatrice qui va vous interviewer

Deux heures plus tard, Louis et Claude sont assis devant les caméras, il lui tient la main.

Un cameraman : Générique dans deux minutes, 6 5 4 3 2 1 Générique !!!

Francine Perent : Mesdames, Mesdemoiselles, Messieurs bonjour, aujourd'hui dans notre émission nous accueillons deux artistes triomphant tous les soirs sur la scène du Flamerian, Monsieur Louis Berton et Mademoiselle Claude Bergac Monsieur Peront le public vous acclame tous les soirs, nous avons su que vous étiez garçon de café dans un bar Montmartrois avant d'exercer votre métier

Louis : Oui c'est exact

Francine Perent : Que pensez-vous du tournant qu'a pris votre vie ?

Louis : Écoutez tout ce que j'ai à dire c'est que je suis dans une étape fantastique et décisive de ma vie

Francine Perent: Votre rêve d'enfant était de devenir pianiste, vous rentrez au conservatoire dans le but de devenir musicien, pourquoi avoir arrêté la musique ?

Louis : Vous savez quand on vit dans un rêve il faut savoir faire la part des choses, j'ai été engagé dans ce bar pour pouvoir vivre, mais je n'ai jamais totalement abandonné la musique, le patron me laissait utiliser le piano pour divertir sa clientèle

Francine Perent: Merci beaucoup, Madame Bergac bonjour

Claude : Bonjour

Francine Perent: Vous êtes né à Paris en 1927, passionnée par le théâtre vous rentrez au conservatoire et très vite vous êtes repérez par le directeur du Flamerian

Claude : Oui tout à fait

Francine Perent: Un lieu dans lequel vous avez rencontré votre public

Claude : Et un grand ami
Elle regarde Louis.
Francine Perent: Le début d'une grande aventure, nous voilà à la fin de notre émission, merci à vous deux d'être venus à notre émission
Louis : C'était un plaisir
Trois mois plus tard dans le bureau de Bruno.
Bruno : Mes amis laissez-moi vous présenter Monsieur Gontran réalisateur de films
Monsieur Gontran : J'ai demandé à vous voir pour vous proposer un rôle dans mon film
Louis : De quel genre de film s'agit-il ?
Monsieur Gontran : Un film de comédie
Bruno : Cela ne pouvait pas mieux tomber
Monsieur Gontran : Bien entendu nous pouvons vous assurer que ce film sera à la hauteur de vos talents et ne fera que booster vos carrières
Bruno : A votre place j'accepterai
Claude : Louis Qu'es que tu en dis ?
Louis : Il est vrai que cela me semble une expérience enrichissante....
Monsieur Gontran : Je vous propose de lire le scénario d'y réfléchir et de me donner une réponse d'ici deux semaines
Il leur tend deux scénarios, ils les prennent et les feuillettent.
Louis : A quel rôle pensez-vous pour nous ?
Monsieur Gontran : Aux rôles de deux amants n'osant pas vivre leur amour au grand jour, ni devant leur propres amis !
Claude : Et à qui avez-vous pensez pour jouer le rôle des amis ?
Monsieur Gontran : Monsieur Fernand Jarot et Monsieur André Jouvet
Claude : Mais pourquoi ne les avez-vous pas fai venir aussi ici dans ce bureau ?
Monsieur Gontran : Étant donné que je vous propose les rôles principaux, j'ai jugé qu'il était bon de vous en informer en premier !
Claude : Je vois
Monsieur Gontran : Rassurez-vous je vais leur proposer leurs rôles très rapidement
Claude : Louis nous devrions accepter

Louis : Lisons le d'abord pour nous faire une idée, on se décidera après
Claude : Oui tu as raison, Monsieur Gontran, nous vous donnerons une réponse lundi après-midi
Monsieur Gontran : Entendu, voici ma carte
Il leur tend une carte, Louis la prend, ils se lèvent tous et se serrent la main.
Bruno : Vous restez dîner ? Je vous invite
Monsieur Gontran : Non pas moi, j'ai rendez-vous au Rex dans une heure, à bientôt Bruno, Monsieur, Mademoiselle
Il salut et part.
Bruno : Claude, Louis vous restez ?
Louis : Oui avec plaisir
Bruno : Parfait, je vais vous emmener dans un nouveau restaurant dont vous me direz des nouvelles
Au restaurant.
Louis : Bruno il y a une chose que nous voudrions te dire Claude et moi
Bruno : Je vous écoute
Claude : Louis et moi…. Louis et moi avons une liaison
Bruno : C'est merveilleux mais....
Louis : Mais quoi ?
Bruno : Je ne crois pas que vous devriez l'ébruiter
Claude : Qu'es que tu veux dire ?
Bruno : Je parle de la presse, je n'ai pas confiance aux journalistes croyez-moi dans ce métier il vaut mieux garder sa vie privée pour soit
Ils prennent les cartes. Cinq minutes après une serveuse arrive.
La serveuse : Vous avez choisi ?
Bruno : Je vais vous prendre une langouste avec des frites
La serveuse : Et ces jeunes gens ?
Louis : Un rôti avec des haricots
Claude : Je prendrai pareil
La serveuse : Vous désirez boire quelque chose ?
Bruno : Servez-moi une bouteille de Chardonnet
Claude : Pour moi une carafe d'eau suffira
La serveuse prend les cartes et part, arrive un homme.
L'homme : Bonjour, Monsieur, je peux vous demander un autographe ?

Bruno : Je crois que ce n'est ni l'endroit ni le moment, nous essayons de nous détendre et je vais vous demander de partir
L'homme part.
Bruno : Si je lui avais donné ce qu'il voulait on aurait eu tout le restaurant sur les bras.
Après le repas, Louis et Claude se balade sur les bords de la Seine.
Claude : Louis
Louis : Oui
Claude : Nous pourrions nous asseoir et lire le scénario
Louis : Oui tu as raison
Ils s'assoient et lisent le scénario, une fois fini.
Claude : Alors qu'est-ce que tu en pense ?
Louis : L'histoire est bien
Claude : Tu vas accepter ?
Louis : Çà se pourrait oui…..
Claude : Nous devrions accepter
Louis : On peut prendre encore le temps
Claude : Oui mais ne tardons pas trop quand même
Louis : Qu'es que tu veux dire ?
Claude : Il va sûrement auditionner d'autres personnes
Louis : Mais alors pourquoi nous a t il proposer les rôles principaux ?
Claude : On n'est jamais à l'abri de quoique ce soit
Louis : Oui tu as raison allons le voir
Claude : Tout de suite ?
Louis : Oui
Claude : Mais nous ne savons pas où il est....
Louis : Il à dit qu'il avait un rendez-vous au Rex
Ils partent et arrivent au Rex.
La standardiste : Bonjour
Louis : Bonjour mademoiselle, nous aimerions voir Monsieur Henry s'il vous plaît
La standardiste : Il est en rendez- vous mais si vous voulez vous donner la peine d'attendre
Claude : Dites-lui que c'est de la plus haute importance
La standardiste : Je comprends mais je ne peux pas interrompre une réunion….

Louis : Dites-lui que ce sont les acteurs principaux de son nouveau film
La standardiste : Un instant
Elle se lève, ouvre une porte.
La standardiste : Excusez-moi Monsieur Gontran, mais il y a les acteurs principaux de votre nouveau film qui désirent vous voir
Monsieur Gontran : J'arrive
Il sort et s'approche de Claude et Louis en souriant.
Monsieur Gontran : Vous avez déjà pris votre décision?
Claude : Oui nous acceptons
Monsieur Gontran : Formidable, pouvez-vous revenir demain matin pour signer vos contrats ?
Claude : Naturellement à quelle heure ?
Monsieur Gontran : Disons à 11h ?
Louis : Nous y serons
Monsieur Gontran : Veuillez m'excuser je dois y retourner
Claude : A demain alors
Monsieur Gontran : A demain
Ils partent chacun de leurs côtés.
Deux mois plus tard sur le tournage.
Monsieur Gontran : Vous êtes prêts ?
André : Oui
Monsieur Gontran : Vous connaissez vos textes ?
Claude : Oui
Monsieur Henry : Bien, allez voir Madame Henriette pour vous préparer, loge 46
André : Tous les quatre ?
Monsieur Gontran : Oui, Frédéric va vous y conduire, Frédéric !!!
Arrive un homme.
Frédéric : Je suis là
Monsieur Gontran : Conduis-les dans la loge 46
Frédéric : Tout de suite
Ils partent tous et arrivent dans la loge. Une fois bien préparés, ils retournent sur le plateau.
Le réalisateur : Tout le monde en place !!!
Ils se mettent en place.
Silence sur le plateau, moteur, action !!!
Louis : Martine, Martine !!!

Elle arrive.
Claude : Tu m'as appelé mon chéri ?
Louis : Qu'es que c'est que ça ?
Il lui tend un papier.
Qu'es que c'est que ça ?
Claude : Un acte de notariat
Louis : Qu'es-que ça veut dire ça ?
Claude : J'ai mis la maison en hypothèque
Louis : A!!!!!
Rires sur le plateau.
Le réalisateur : Coupez ! C'était très bien, c'est dans la boite, André, Fernand !!! En place pour la scène 30
Ils se mettent en place.
Claude : Qu'es que chose ne va pas Louis ?
Louis : Je ne me suis pas trouvé convaincant
Claude : C'est ce qu'on appelle être perfectionniste tu étais très bien
Monsieur Henry : Bien sûr que vous étiez très bien, vous étiez parfait, vous avez fait rire aux éclats tout le plateau
Le réalisateur : Silence, moteur, action !!!
André : Dis-moi Pascal, Qu'es que tu penses de l'amour toi ?
Fernand : A l'amour, on ne sait pas trop bien ce que c'est l'amour
André : Tu as déjà été amoureux toi ?
Fernand : Et oui, comme tout le monde
André : Alors pourquoi tu ne m'as jamais présenté aucune de tes conquêtes
Fernand : Et bien parce que......
André : Parce que ?
Fernand : Parce que tu ne m'en as jamais donné l'occasion
Le réalisateur : Coupez !
Un mois plus tard chez Claude. On sonne. Elle ouvre.
Claude : Oui ?
Le facteur : Un télégramme pour vous
Elle le prend et signe.
Claude : Merci
Elle ferme la porte, ouvre et lit.
J'ai l'honneur de vous convier à l'avant-première du film « Les aventures de Léonard au cinéma Rex Le 14 avril 1955 à 21h.

Elle appelle Louis.
Claude : Allô, Louis, tu as reçu l'invitation ? N'es ce pas merveilleux ? D'accord à 14h aux jardins du Luxembourg, je t'embrasse
Elle raccroche, on frappe à la porte, elle ouvre.
Claude : Oui
Le garçon : Des fleurs pour vous madame
Claude : Comme c'est touchant, de qui cela peut-il bien être ? Elles sont belles, attendez
Elle prend dans son sac un billet de dix francs, elle lui donne.
Le garçon : Merci Madame, au revoir
Il s'en va, elle ferme la porte, met les fleurs dans un vase, prend la petite enveloppe posée sur les fleurs et la lit.
Claude : Recevez ces fleurs et milles baisers de votre admirateur secret. Pensant qu'il s'agit de Louis elle pose la lettre en souriant.
Deux heures plus tard aux jardins du Luxembourg.
Claude : Louis, merci pour les fleurs elles sont magnifiques
Louis : Quelles fleurs ?
Claude : Les fleurs que tu m'as envoyé ce matin
Louis : Je ne t'ai jamais rien envoyé
Claude : Ce n'est pas toi ?
Louis : Non
Claude : Je ne comprends pas….
Louis : Sûrement un fan….
Claude : Oui probablement, ne parlons plus de cela
Louis sort un journal et le montre à Claude.
Louis : Regardes
DEUX NOUVELLES VEDETTES DU CINEMA FRANÇAIS
Claude : C'est ça qui t'ennuie ?
Louis : Non mais ils ne parlent que de nous
Claude : Bien sur puisque nous avions les rôles principaux
Louis : Oui mais André et Fernand….
Claude : Ils sont dans le film c'est déjà bien
Louis : Oui c'est sûr, que dirais tu d'aller nous promener sur les bords de Seine
Ils se baladent une grande partie de l'après-midi.

Le jour de la première. Une foule de 500 personnes se rue devant le cinéma pour voir les nouvelles vedettes et obtenir des autographes.
Ils arrivent et sortent d'une voiture.
Un journaliste : Monsieur Berton vous et Madame Bergac avez une liaison ?
Louis : Tous ce que j'ai à vous dire c'est que cela fait partie de notre vie privée !!
Ils rentrent dans le cinéma, sous les applaudissements, les flashs des photographes et les appels des fans.
A la fin du film.
Un photographe : Une photo pour Jour de stars
Fernand : Naturellement
Flash du photographe. Ils montent dans la voiture.
Louis : Quelle merveilleuse soirée
Fernand : La raison de notre succès
Tous rentrent chez eux.
André reçoit un appel.
Dring! Dring! Dring!
Il décroche.
André : Allô
Jean : Allô, ici Jean Borges, producteur de film
André : Oui bonjour
Jean : Navré de vous déranger en soirée mais j'aurai aimé vous proposer un rôle dans mon nouveau film aux cotés de Brigitte Bardin
André : Brigitte Bardin
Jean : C'est exact pour le film « Le trou Normand »
André : On peut se voir pour en discuter ?
Jean : Naturellement, demain 16h à mon bureau, 17 boulevard de l'opéra
André : D'accord
Il raccroche. Le même jour Fernand, reçoit un appel
pour interpréter un rôle dans une réadaptation des milles une nuit.
Dring, Dring, Dring
Fernand : Allô

Monsieur Henry : Bonjour, Monsieur Henry, ici les films du Cyclope, notre directeur, Jacques Berra souhaiterait vous proposer le premier rôle dans son nouveau film
Fernand : De quel film ?
Monsieur Henry : « Ali baba et les quarante voleurs »
Fernand : Cela pourrait m'intéresser qui sont les autres acteurs ?
Monsieur Henry : Nous avons pensé à Samia, une jeune danseuse orientale
Fernand : Jamais entendu parler
Monsieur Henry : Nous pouvons nous rencontrer à la direction générale le 13 février à 18h ?
Fernand : Entendu
Monsieur Henry : D'accord je vais en informer Monsieur Berra, bonne journée Monsieur
Il raccroche, va vers sa bibliothèque, sort le livre des milles et une nuit, cherche l'histoire d'Ali baba et s'assoit sur le fauteuil.
Fernand : *« Il était une fois, il y a très longtemps, et très loin d'ici, deux frères appelés Kassim et Ali baba, Kassim était très riche mais Ali baba lui était très pauvre, et pour gagner sa vie, il allait dans la forêt voisine couper du bois, qu'il vendait en ville* [6] *».*
Le lendemain dans les bureaux de la production.
Berra : Monsieur je vous attendais asseyez vous
Ils s'assoient.
Avant toutes choses voilà le scénario
Il lui tend, Fernand le prend, ouvre et lit le début
« Il était une fois dans une petite ville d'orient un brave homme qui s'appelait Ali baba.
Ali Ali Ali baba de la mosquée à la khasba quand on l'aperçoit ce n'est qu'un cri bonjour Baba adieu Ali »
Fernand : Il dure combien de temps ?
Berra : 1H40
Fernand : Et la jeune danseuse ?
Il lui monte la photo.
Une ravissante personne.
Berra : Je vous laisse réfléchir
Fernand : C'est tout réfléchi j'accepte

---

[6] Conte Ali baba et les quarante voleurs.

Berra : Voilà une réponse spontanée, et bien nous pouvons dès à présent signer le contrat
Il lui donne un contrat, le lit, prend un stylo, et le signe.
Fernand
Berra : Bien le tournage débutera dans deux mois le temps de tout mettre en place
Fernand : Oui bien sur
Deux mois plus tard.
Berra : Tout le monde en place, silence sur le plateau, moteur action !
Henry : « *C'est ça que tu me rapporte ? Elle est stupide et puis je t'avais dit de m'en acheter une bien grâce*
Fernand : *Elle n'est peut-être pas bien grâce mais elle est quand même bien belle*
Henry : *Combien tu as payé ça ?*
Fernand : *Oh 150 piastres*
Henry : *Quoi le prix d'un chameau ?!!!!*
Fernand : *Regardez, regardez regardez*[7] [8] ».
Berra : Coupez, Samia nous allons tournez tes deux danses pour gagner du temps
Samia : D'accord
Berra En place, silence sur le plateau moteur action
Danse de Morgiane.
Berra : Coupez, tu as été parfaite comme toujours
Fernand : Merveilleuse
Henry : Ça c'est sûr qu'ils ont bien choisi
Fernand : Tu sais quel âge elle a ?
Henry: Elle doit avoir pas loin de trente ans je pense
Fernand : Tu la connais bien ?
Henry : Non c'est la première fois que je tourne avec elle, tout ce que je sais c'est qu'elle tourne souvent en Égypte, elle est très connue là-bas
Fernand : Et dire que dans le film je dois l'épouser
Henry : Haha, c'est que du cinéma mon vieux mais tu n'es pas marié ?
Fernand : J'ai été marié mais ça n'a pas duré

---

[7] Film, Ali baba et les quarante voleurs.
[8] Film, Ali baba et les quarante voleurs.

Henry : Ah les femmes, en attendant nous allons rester un bon moment ici, profitez-en pour vous connaître
Berra : On reprend tout le monde en place.
Henry : C'est la scène où vous vous échappez du palais
Berra : Fernand mets-toi devant la porte, les gardes faites semblant de dormir, éclairage, silence sur le plateau, moteur action !
Un mois après à la fin tournage.
Fernand : Samia, on arrive à la fin du tournage et on n'a toujours pas fait connaissance toi et moi
Samia : Mais on a travaillé pendant des semaines
Fernand : Je veux dire de manière privée
Samia : Oh
Elle sourit.
Fernand : Sa te dit d'aller te promener se soir en ville ?
Samia : Oui
Elle sourit.
Fernand : Oh
Samia : Ce soir à 18h chez moi ?
Fernand : Oui
Le soir même Fernand tape à la porte de chez Samia, elle ouvre.
Samia : Tu es très élégant
Il lui tend un bouquet de glaïeuls, elle les prend et les sens.
Merci ! Entres je t'en prie.
Il rentre et s'assoit sur le divan.
Samia : Tu veux boire quelque chose ?
Fernand : Un verre de cidre.
Samia ouvre le meuble, sort deux vers et une bouteille de cidre, Pose les vers, ouvre la bouteille et sert.
Fernand : Merci
Samia s'assoit et sourit.
Samia : Le tournage c'est bien passé
Fernand : Oui je pense qu'il y aura de bonnes critiques
Samia : D'après Jacques il sortira au cinéma dans quatre moi....
Fernand : Oui, tu sembles triste....
Samia : Non ce n'est rien
Il sort un papier et un stylo de sa poche et écrit.

Monsieur Fernand Barrot
36 Avenue de la Liberté
75018 Paris

Il lui remet, elle le prend.
Samia : Qu'es que c'est ?
Fernand : C'est mon adresse à Paris comme ça le jour où tu viendras en France, tu sauras où me trouver
Samia : C'est très gentil merci
Ils passent une très bonne soirée, il regarde sa montre.
Fernand : Déjà une heure, je vais devoir y aller
Samia : D'accord
Ils se lève, il prend son manteau, et se dirige vers la porte.
Fernand : Ce fut un plaisir
Il l'embrasse sur la joue, elle sourit, il ouvre la porte.
Il part. Elle le regarde partir puis ferme la porte en pleurant. De retour à Paris, Fernand reçoit un appel.
Dring, Dring, Dring !!!!
Fernand décroche.
Fernand : Allô, oui bonjour Hervé, ça va et toi ? On part après demain en Italie ? D'accord.
Il enlève ses vêtements de la valise et les remplace par d'autre, ferme la valise et pose le scénario de « La grande bagarre de Don Camillo » dessus.
Une semaine plus tard, chez Claude.
Dring ! Dring ! Dring !!
Elle décroche.
Claude : Allô
Franck : Claude c'est moi
Claude : Franck !! Qu'es que tu veux ? Je t'ai déjà dit que je ne voulais plus te voir
Franck : Je t'ai vu dans les journaux et je n'ai pu résister
Claude : Et bien tu aurais dû j'ai refait ma vie maintenant
Franck : Tu as oublié tous ce que l'on a vécus ?
Claude : Je n'ai surtout pas oublié tout ce que tu m'as fait subir
Franck : Tu l'aimes ?
Claude : De qui tu parles ?
Franck : De ton ami acteur
Claude : Ce ne sont pas tes affaires

Franck : Mais ça peut devenir celles des journalistes, tu te rends compte si le public découvrait que tu es déjà marié et tu trompes ton mari ? Quelle honte !!!
Claude : Qu'es que tu attends de moi ?
Franck : 300 000 Francs pour que je me taise
Claude : Et après tu disparaîtras pour toujours ?
Franck : Oui, tu as ma parole
Claude : Ta parole, ça te va bien de dire ça !!!
Franck : Qu'es que tu veux dire ?
Claude : L'honnêteté n'est pas ta principale qualité
Franck : J'ai changé depuis
Claude : J'ai du mal à te croire
Entre Louis.
Louis : Bonjour
Franck : Bonjour
Louis : A qui ai je l'honneur
Franck : Je suis….
Claude : C'est le plombier, il a fini son travail et va rentrer chez lui
Franck regarde Claude.
Franck : Oui…. Au revoir madame
Il ouvre la porte, sort et referme derrière lui.
Louis : Tu n'as pas l'air de très bonne humeur
Claude : Un peu fatiguée
Louis : C'est le spectacle de la semaine prochaine qui t'inquiète ?
Claude : Non ça va
Louis : Alors qu'est-ce qui te rend malade ? Ça à un rapport avec l'homme qui était chez toi ?
Claude : Louis je…… je ne voulais pas te le dire
Louis : Me dire quoi ?
Claude : C'est mon mari
Louis : Ton mari ?!!!
Claude : Louis, pardonnes-moi, il m'a promis de me laisser tranquille si je lui donnais de l'argent.
Louis : Combien t'as-t-il demandé ?
Claude : 300 000 Francs
Louis : C'est une somme et tu as des enfants ??
Claude : Non il n'en a jamais voulu
Louis : Que s'est-il passé entre vous ?

Claude : Il me battait….
Louis : Pourquoi ?
Claude : Il buvait
Louis : Je vois
Claude : J'en ai eu assez et j'ai quitté le domicile conjugal
Louis : Oui je comprends et tu sais où il vit maintenant ?
Claude : Je n'en ai aucune idée
Louis : Il a refait sa vie ?
Claude : Ne parlons plus de lui s'il te plaît, ne pensons plus à lui
Louis : Ca me parait difficile, je suis désolé mais il va me falloir du temps
Claude : Louis…….
Il ouvre la porte, sort et referme.
Le lendemain soir au restaurant.
André : Louis n'est pas venu ?
Claude : Non je suis sans nouvelles depuis hier soir….
Fernand : T'a essayé de l'appeler ?
Claude : Oui mais il ne répond pas
Fernand : C'est curieux
André : Oui surtout que vous jouez dans quelques jours au Flamerian
Claude : Ce n'est pas pour l'artiste que je m'inquiète c'est pour l'homme que j'aime
Fernand : Ne t'inquiète pas il reviendra
Louis rentre dans le restaurant.
Fernand : Tient le voilà !!
André : Et bien tu vois bien qu'il n'est pas perdu
Elle se jette dans ses bras.
Claude : Oh louis tu m'as fait si peur
Louis : Ce que tu m'as dit m'a bouleversé c'est tout
André : Que s'est-il passé ?
Claude : Mon mari est revenu
André : Tu es marié ?
Claude : Oui il n'a pas résisté à m'appeler après avoir vu ma photo dans les journaux
André : Il fallait t'y attendre
Claude : Qu'es que tu veux dire par là ?
André : Je veux dire que en devenant célèbre tu devais t'attendre à recevoir de ses nouvelles.

Claude : Oui mais pas comme ça ! De toute manière je vais demander le divorce
André : Eh bien voilà tout s'arrange
Fernand : Moi j'ai fait la connaissance d'une ravissante créature
André : Où ?
Fernand : Sur le tournage du film « Ali Baba » au Maroc
André : Il est vrai que les danseuses orientales sont très aguichantes
Fernand : Ce n'est pas n'importe qu'elle danseuse
André : Comment elle s'appelle ?
Fernand : Samia Gamial
André : Jamais entendu parler
Fernand : Elle n'a jamais tournée en France, elle devrait venir pour l'avant-première en principe
Claude : Voilà une bonne nouvelle !
Deux fans s'approchent.
Fernand : Çà alors, on ne peut jamais être tranquille
Claude : Fernand, je t'en prie après tout nous leur devons notre succès
Il soupire.
Le fan : Bonjour Messieurs dames, on pourrait avoir un autographe ?
Claude : Naturellement.
Les fans sourient, Claude, et les autres signent chacun leur tour.
Un mois plus tard, à l'avant-première d'« Ali baba ».
Deux rangées de chaque côté, au milieu un tapis rouge Fernand et Samia sortent d'une limousine sous les flashs des photographes et de l'acclamation du public, ils rentrent précédés de Berra et de Henry. Une fois que tout le monde se soit installé dans la salle, un présentateur rentre sur scène un micro a la main.
Le présentateur : Mesdames, Mesdemoiselles, Messieurs, je vous souhaite la bienvenue au Cinéma Rex dans lequel vous découvrirez un conte des Mille et une nuit, pour lequel une équipe à travaille jours et nuit et pour vous offrir un film qui sera je l'espère à la hauteur de vos espérance, mesdames messieurs applaudissez Fernand et Samia Gamial dans un film de Jack Berra, « Ali baba et les quarante voleurs » !!

Applaudissements du public, suivit du générique. A la fin du film un tonnerre d'applaudissements l'équipe du film se lève, Fernand sert Samia dans ses bras, à la sortie du cinéma les journalistes interrogent les acteurs.
Le journaliste : Mademoiselle Gamial Qu'es que cela vous fait d'avoir dansé et jouer pour le public français ?
Samia : Ce fut un réel plaisir, j'ai eu une équipe formidable et les français sont tellement affectueux
Applaudissements.
Le journaliste : Fernand, ça n'a pas été trop dure de jouer dans un pays étranger ?
Fernand : Non absolument pas, la douceur, la chaleur du Maroc m'ont rappelé mon enfance à Marseille, surtout pour le soleil et puis travailler avec Samia a été une grande joie
Elle sourit, applaudissements. Quelques jours plus tard Samia repart au Maroc, Fernand est seul dans un bar, boit un verre de whisky, André s'assoit prés lui.
André : Ça n'a pas l'air d'aller
Fernand : Elle est partie……
André : Samia ?
Fernand : Oui….
André : Vous vous rêverez sûrement
Fernand : A moins de retourner un film au Maroc je ne vois pas comment
André : Ne t'en fais pas tu auras bien d'autres choses à penser va
Fernand : Des choses ? Quelles choses ?
André : Le tournage de cette nouvelle série de films là comment qu'elle s'appelle ?
Fernand : « Don Camillo ».
André : A oui voila
Fernand : Je n'ai même pas commencé à apprendre mon texte
André : Et t'attends quoi ?
Fernand : Je n'en sais rien
André : Allez remets toi moi vieux
Il lui tape sur l'épaule.
Viens on va se balader, tu veux venir voir Claude au Flamerian ce soir ?
Fernand : Qu'est-ce qu'elle y joue ?
André : "Andromaque"

Fernand : Oui ça peut être intéressant
André : On y va ?
Fernand : Oui
Le soir même au Flamerian.
Le présentateur : Mademoiselle Claude Bergac !
Applaudissements, elle rentre sur scène.
Claude : « Ou su'ije ? Qu'ai'je fais ? Que doi'je faire encore ? Quel transport me saisit ? Quel chagrin me dévore ? Errante et sans desseins je cours dans ce palais, Ah ! Ne pui'je savoir si j'aime ou si je hais ? Le cruel Œil m'a congédiée ! Sans pitié, sans douleur au moins étudiée [9] ».
Applaudissements elle salut et sort. Louis l'attend dans les coulisses, elle lui saute au coup.
Louis : Bravo
Claude : Merci
Bruno arrive.
Bruno : Bravo Claude, quel triomphe ! A partir de demain votre nom brillera sur la façade du Flamerian pour trois mois.
Elle éclate de joie.
Bruno : Je dois vous laisser, bonsoir
Il lui fait la bise.
Claude : Bonsoir
Louis lui sert la main.
Louis : Bonsoir
Bruno : Bonsoir Louis
Il part.
Un photographe : Mademoiselle Bergac une photo !!
Elle prend la pose. Flash du photographe.
Un mois plus tard à Nice, Claude est dans sa chambre à l'hôtel du Negresco, on frappe à la porte, elle ouvre.
Claude : Entrez
Un serveur rentre en poussant un chariot.
Le serveur : Où est ce que je pose votre repas ?
Claude : Posez ça là
Il pose le repas et sort. Le téléphone sonne, elle décroche.
Claude : Allô oui, Louis chéri quelle bonne surprise, Oh oui ça se passe très bien tu devrais venir, la rivera est si belle, s'il fait beau

---

[9] Andromaque.

à Nice ? Ah oui beaucoup de soleil, d'accord mille baisers à plus tard Louis.
Elle raccroche.
On tape à la porte. Elle ouvre.
Claude : Oui ?
L'homme : Un télégramme pour vous madame
Il lui tend, elle le prend.
Claude : Merci
Il repart, elle le lit ? Fond en larmes et appel Louis.
Claude : Louis je dois me rendre à Lyon au plus vite
Elle pleure.
Mon mari…il s'est suicidé……j'ai reçu un télégramme rejoins moi à Nice je t'en supplie…merci à demain.
Elle raccroche, éclate en sanglot, se sert un verre de whisky, le boit en tremblant, le lendemain matin, Louis arrive au Negresco, il se dirige vers le réceptionniste.
Louis : Bonjour, la chambre de Mademoiselle Bergac s'il vous plaît
Le réceptionniste : C'est la A75
Louis : Merci
Il monte, frappe à la porte.
Claude : Oui ?
Louis : C'est moi Claude, c'est Louis.
Elle lui ouvre et se jette dans ses bras en pleurant.
Louis : Ne t'en fais pas je suis là….
Claude : Je t'aime
Il l'embrasse.
Louis : Nous devrions peut-être retourner à Paris.
Claude : Non je ne peux pas, j'ai encore trois galas à faire
Louis : Je pense que pour l'instant ta santé est plus important que tout le reste.
Claude : Quelle délicate attention….
Louis : Je vais faire appeler une femme de chambre pour qu'elle s'occupe de tes bagages
Claude : Mais les spectacles….
Louis : Je m'en occupe, va dormir je pense que tu en as besoin
Il sort de la pièce.
Le lendemain la nouvelle fait la une des journaux, Louis et Claude marchent dans la rue

Claude : La presse ne s'est pas épargnée, pour dévoiler cette histoire au grand jour
Louis : En effet c'est regrettable
Claude : Espérons que cette histoire se dissipe vite
Louis : Essayes d'y faire abstraction
Claude : Çà me parait difficile
Les journalistes courent vers elle.
Les journalistes : Madame comment vivez-vous le suicide de votre mari ? Depuis combien de temps étiez-vous séparés ?
Louis : Vous croyez vraiment que c'est le moment ?
Claude : Laisses, je vais répondre
Flash du photographe.
Claude : J'étais séparée de mon mari depuis dix ans, il avait refait sa vie et je suis profondément touchée par son acte
Le journaliste : Saviez-vous qu'il laisse derrière lui une femme et deux enfants ?
Elle devient blanche.
Louis : Ça suffit, laissez la tranquille, elle souffre suffisamment Viens Claude.
Ils partent.
Lors d'un repas chez un ami, Jean dans le dixième arrondissement.
Jean : Comment elle va ?
Louis : C'est très dur pour elle
Jean : Mais ils étaient séparés depuis longtemps ?
Louis : Dix ans
Jean : Et ils sont resté combien de temps tous les deux ?
Louis : Pendant plus de quinze ans je crois
Jean : Elle va voir un médecin ?
Louis : Oui le docteur Lalane vient la voir deux fois par semaine
Jean : Et qu'es qu'il pense de son état ?
Louis : Qu'il lui faudra beaucoup de repos
Jean : La connaissant ça risque d'être difficile
Louis : Oui elle a du mal à s'arrêter de travailler
Jean : Il le faut pourtant
Louis C'est ce que je me tue à lui dire….
Jean : Et ?
Louis : Rien à faire
Jean : Tu lui as proposé de venir ce soir ?

Louis : Oui mais elle n'a pas voulu
Jean : Je vais l'appeler
Louis : Il est 23h elle doit dormir
Jean : Oui c'est vrai
Louis voulant changer de sujet.
Louis : Ça s'est bien passé le tournage de Jean Paul ?
Jean : Oui, on vient de finir y a une semaine
Louis : Comment il s'appelle déjà le film ?
Jean : "Les misérables"
Louis : Œuvre emblématique
Jean : Oui
Louis : C'est quoi qu'il t'a intéressé dans cette histoire ?
Jean : La cause des désespérés, c'est surtout l'histoire de Fantine qui m'a touché
Louis : La mère de Cosette, qui à confié sa fille aux aubergistes ?
Jean : Les Thénardiers oui
Louis : Tu as dû t'attacher à la petite qui jouait Cosette non ?
Jean : Tu sais quand on enchaîne les tournages on a pas le temps de s'attacher
Louis : Oui c'est vrai…je suis désole je dois y aller, je me fais du souci pour Claude
Jean : Tu veux que je te raccompagne ?
Louis : Pourquoi pas oui merci
Jean : Je vais chercher mon manteau et j'arrive
Il se lève, part dans sa chambre et revient avec son manteau.
C'est bon allons-y !!!
Ils partent.
Le lendemain matin, Louis est assis sur le fauteuil, à côté du lit, il se réveille et regarde Claude dormir. Elle se réveille.
Louis : Tu vas bien ?
Claude : Louis je ne savais pas que tu étais ici !!
Louis : Je suis arrivé cette nuit, je me faisais du souci pour toi
Claude : C'est gentil, mais ne t'inquiète pas tout va bien
Louis : Tu es sur ?
Claude : Oui mon chéri
Il se penche sur elle et l'embrasse.
Louis : Je vais rester avec toi aujourd'hui, il ne faut que tu restes seul
Claude : Cela ne te dérange pas ?

Il sourit.
Louis : Puisque je te le propose. Je vais te préparer quelque chose de chaud, tu préfères du thé ou du café ?
Claude : Un café avec un pain au chocolat
Louis : Je t'apporte ça
Claude : Tu es un ange
Louis va à la cuisine, il prépare du café et allume la radio.
La radio : Le suicide du mari de mademoiselle Bergac.
Il éteint la radio. Met le café dans la tasse qu'il amène à Claude sur le plateau avec une rose et un pain au chocolat.
Claude : Merci
Louis : Manges ça va te faire du bien
Claude boit le café.
Claude : Humm c'est chaud.
Il souffle.
Louis : Tu as besoin de quelque chose d'autre ?
Claude : Rassures toi tout va bien
Louis : D'accord après essayes de te reposer encore chérie.
Claude : Non je vais me lever, je ne peux pas rester au lit toute la journée
Louis : Je te laisse t'habiller
Il sort.
Une fois habillée elle rejoint Louis.
Claude : Louis, tu m'accompagnes au théâtre ?
Louis : Tu es sûr que tu veux aller travailler ?
Claude : Oui certaine
Louis : A quelle heure il faut que tu sois au théâtre ?
Claude : La pièce commence à 20h donc je pense qu'il faut y être pour 19h
Louis : D'accord, tu devrais manger quelque chose avant d'y aller
Claude : Oui mais c'est moi qui prépare
Ils rient.
Claude : Qu'est-ce qu'il te ferait plaisir ?
Louis : Je prendrai bien une soupe aux lardons
Claude : Une soupe et aux lardons pour la une
Ils rient.
Le soir même, l'ambiance était à son comble, elle entre sur scène tonnerre d'applaudissements.

Le public : Claude

Claude : « *Combien elles nous surpassent en qualités, je vais le faire voir. Et d'abord toutes, sans exception, lavent les laines dans l'eau chaude, à la façon antique, et tu n'en verras pas une faire de nouveaux essais. La ville d'Athènes, en agissant sagement, ne serait-elle pas sauvée, si elle ne s'ingéniait d'aucune innovation ? Elles s'assoient pour faire griller les morceaux, comme autrefois ; elles portent les fardeaux sur leur tête, comme autrefois ; elles célèbrent les Thesmophories, comme autrefois ; elles pétrissent les gâteaux, comme autrefois ; elles maltraitent leurs maris, comme autrefois ; elles ont chez elles des amants, comme autrefois ; elles s'achètent des friandises, comme autrefois ; elles aiment le vin pur, comme autrefois ; elles se plaisent aux ébats amoureux, comme autrefois. Cela étant, citoyens, en leur confiant la cité, pas de bavardages inutiles, pas d'enquêtes sur ce qu'elles devront faire. Laissons-les gouverner tout simplement, ne considérant que ceci, c'est que, étant mères, leur premier souci sera de sauver nos soldats. Ensuite, qui assurera mieux les vivres qu'une mère de famille ? Pour fournir l'argent, rien de plus entendu qu'une femme. Jamais, dans sa gestion, elle ne sera trompée, vu qu'elles sont elles-mêmes habituées à tromper. J'omets le reste : suivez mes avis, et vous passerez la vie dans le bonheur* [10] ».

Le public : Bravo

Elle reçoit des dizaines de fleurs sur la scène et lève les bras en l'air.

Claude: Merci, c'est avec une grande joie que j'accepte ces quelques fleurs symbole de votre admiration, merci du fond du cœur

---

[10] Aristophane.

Le public: Bravo Bravo Bravo Bravo Bravo Bravo Bravo Bravo Bravo Bravo Bravo Bravo Bravo Bravo Bravo Bravo
Elle sort de scène.
Le directeur : Madame je tiens à vous féliciter nous n'avons pas eu de succès pareil depuis plus de dix ans.
Deux ans plus tard, sur le tournage du « Tatoué ».
Le réalisateur : Moteur action !
Louis : *« Faites voir faites voir !!!*
Jean : *Mais je ne vous permets pas monsieur Qu'es que c'est que ce genre ?*
Louis : *« Qu'est- ce qu'il a sur le dos ?*
Le vendeur : *Un tatouage*
Louis : *On dirait une reproduction d'un Modigliani*
Jean : *Est-ce que j'ai une tête à avoir une reproduction ?*
Louis- Au vendeur- *Vous le saviez hein !!!*[11] »
Rires.
Le réalisateur : Coupez !!! C'était très bien
Louis : Non on la refait
Le réalisateur : Mais non c'était très bien
Louis : Je m'en fou
Le réalisateur : Comment ?
Louis : Je m'en fou !!!!!!!!
Le réalisateur rit.
Le réalisateur : J'ai une idée
Louis : Laquelle ?
Le réalisateur : On va utiliser votre je m'en fou
Louis : Haha comment ?
Le réalisateur : Vous verrez demain je vais écrire une autre scène
Louis : D'accord
Le tournage dure jusqu'au soir.
Le réalisateur : On stop pour aujourd'hui
Jean : Louis tu viens manger au restaurant ?
Louis : Oui Claude peut venir ?
Jean : Bien sur ça lui fera le plus grand bien
Une heure après au restaurant.
Jean : Bonsoir Claude comment tu te sens ?
Claude : Ca va….

---

[11] Film, Le tatoué.

Ils s'assoient.
Louis : Claude j'ai….
Claude : Oui…, ?
Il lui tend un coffret. Elle le prend et l'ouvre.
Claude : Mon dieu elle est magnifique
Il se lève se met à genoux.
Louis : Veux-tu m'épouser ?
Claude : Oh Louis, je serai fier de devenir ton épouse.
Ils s'embrassent. Toute la salle ayant assisté à la scène applaudit.
Jean : Toutes mes félicitations
Louis : Merci Jean
Le lendemain matin la nouvelle faisait la une de la presse.
Trois semaines plus tard au festival de Cannes.
Claude : Louis n'est-ce pas merveilleux ?
Louis : Formidable chérie
Claude : Et tout cela la semaine de notre mariage
Il l'embrasse sur la joue.
Eddy producteur de disque arrive.
Eddy : Louis, Claude quel plaisir
Il leur fait la bise.
Eddy : Belle ambiance n'est-ce pas ?
Claude : Oui
Eddy : Chers amis bravo pour l'interprétation de votre dernier film
Louis : Haha merci
Eddy : Je dois y aller à plus tard
Il fait un baise main à Claude et part.
Louis : Allons-y
Ils montent les marchent du palais des festivals sous les applaudissements de la foule.
Le journaliste : Nous sommes en direct du palais pour la cinquième édition du festival du film ou en ce moment Louis Berton et Claude Bergac montent les marches du palais ! Écoutons un admirateur.
A un fan : Quelle sensation cela vous fait-il d'être aux premières loges de ce grand événement ?
Le fan : Beaucoup d'excitations, je suis Claude et Louis dans la presse et je trouve qu'ils forment un couple magnifique.

Le journaliste : Merci monsieur
Quelques heures plus tard, à une projection de film de Louis.
Claude : Ton talent n'a d'égale que ta beauté
Il lui prend la main.
Louis : Merci mon canard
Toute la salle rien devant le film. Louis se lève.
Louis : Je reviens
Claude : Où tu vas ?
Louis : Fumer une cigarette
Claude : Tu t'es remis à fumer ?
Louis : A tout à l'heure
Rire dans la salle, à la fin du film applaudissement.
Claude : André Louis n'est pas revenu
André : C'est curieux
Claude : Je vais voir
Elle se précipite hors de la salle, elle croise Eddy.
Eddy : Claude qu'est-ce qu'il se passe ?
Claude : Louis est parti fumer une cigarette pendant la projection et il n'est pas revenu
Eddy : Il ne doit pas être bien loin
Il revient.
Eddy : Tiens quand on parle du loup
Claude : Louis, où étais tu ? Je me suis fait beaucoup de soucis pour toi
Louis : J'ai trouvé le film très mauvais
Claude : Enfin chéri…
Louis : Si il était très mauvais
Eddy : Vous avez tort !
Louis : Comment ?
Eddy : Le public a été enthousiaste, il se pourrait même qu'il soit le premier au box-office
Louis : Vous croyez ?
Eddy : Certain
Claude : Rassures-toi mon chéri
Quelques jours plus tard à l'Hôtel Carlton.
Louis : Claude, Claude, le film a été classé premier au box-office
Claude : Oh mon chéri, c'est merveilleux, tu vois qu'il n'y avait aucunes raisons de s'inquiéter
Louis : Vite préparons nous

Claude : Pour aller où ?
Louis : Au palais
Claude : Mais faire quoi ?
Louis : Et bien la remise des oscars
Claude : Mais il est 11h30 et la soirée n'est qu'à 20h, détends toi mon chéri.
Louis : Je n'y arrive pas
Claude : Tiens prends ça !!
Elle lui tend un verre.
Louis : Qu'es que c'est que ça ?
Claude : Un verre de muscadet
Louis : Mais enfin vous n'y pensez pas !!!
Claude : Qu'est-ce qu'il te prend ?
Louis : De quoi qu'est-ce qu'il me prend ?
Claude : D'habitude tu me tutoies et là…
Louis : Et bien justement j'ai réfléchi
Claude : Tu as réfléchi ?
Louis : Oui
Claude : A quoi ?
Louis : A tout
Claude : A tout ?
Louis : Oui
Claude : Comment ça a tous ?
Louis : En voilà assez là !!!!
Claude : Mais enfin
Louis : Il faudrait mieux ne plus se tutoyer
Claude : Tu n'es plus dans ton film mon chéri
Louis : Oui c'est vrai tu as raison…. tu as raison je n'arrive plus à distinguer fiction et réalité
Il s'affale sur le fauteuil.
Claude : Tu devrais aller te reposer
Louis : Oui…
Il se déshabille, se met au lit et s'endort.
Le soir même il se réveille.
Louis : Quelle heure il est ?
Claude : 19h tu t'es bien reposé mon chéri ?
Louis : Il faut se préparer
Claude : On a le temps
Louis : Je m'en fou

Claude : Pardon ?
Louis : Je m'en fou
Claude : Bon alors je vais me préparer
Louis : Oui dépêchons.
Elle va se préparer, revient puis partent pour le palais des festivals. Ils croisent Eddy. Louis part sans le saluer.
Eddy : Mais qu'es qu'il a ?
Claude : Il est étrange ces jours ci
Eddy : Il doit être préoccupé
Claude : Sans doute oui….
Eddy : Essayes de passer une bonne soirée
Claude : Oui
A la remise des oscars. Un homme monte sur la scène.
Le présentateur : Mesdames Messieurs, le prix pour le meilleur acteur 1967 est décerné à Monsieur Louis Berton
Applaudissements : Bravo
Claude : Eddy il n'est pas revenu
Eddy : Tu devrais y aller à sa place
Claude : Moi ?
Eddy : Oui vas y
Elle se lève, monte sur la scène sous les yeux étonnés des spectateurs. Prend la statue que lui remet le présentateur
Claude : Mesdames, Mesdemoiselles Messieurs, je suis devant vous ce soir, pour représenter Louis Berton, qui a dû s'absenter et qui par conséquent ne peut être là pour assumer la remise de cet oscar, symbole de son mérite et de sa réussite, merci pour lui merci.
Applaudissements.
Elle sort de scène pour aller rejoindre Eddy et les autres.
Eddy : Tu restes à la fête ?
Claude : Non je vais rentrer ça vaut mieux
Eddy : Tu veux que je te raccompagne ?
Claude : Non j'irai à pied
Eddy : Sur ?
Claude : Oui

Elle lui fait la bise et part. Arrivée dans sa chambre d'hôtel, elle ferme la porte, pose l'oscar sur la table, retire son manteau, le pose sur le lit, s'allume une cigarette, et s'assoit dans le noir.
Louis arrive et s'avance vers Claude.
Claude -*de dos*- : Où étais tu ?
Louis : Chérie pardonne moi….
Claude : J'ai pris ta récompense pour toi, elle est posée sur la table !
Louis : Merci….
Claude : Qu'es qu'il t'a pris ?
Louis : Je ne sais pas….
Elle éteint la cigarette dans le cendrier et se lève.
Louis : Claude….
Claude : Je vais me coucher bonne nuit
Elle part dans sa chambre, ferme la porte, Louis s'assoit sans rien dire, il met sa tête dans le creux de ses mains. Le lendemain matin, il écrit une lettre à Claude qu'il pose sur la table avant de partir. Elle se lève, et lit la lettre.
« Claude ma chérie,
Pardonnes-moi, je ne te mérite pas, je ne sais pas ce qu'il m'a pris, tu as été la plus belle chose qui me soit arrivé, je retourne à Paris, chez un ami dont tu ne connais pas l'adresse, il vaut mieux annuler notre mariage »
Louis.
Elle lâche la lettre, enfile son manteau, ouvre sort et referme la porte et monte dans un taxi.
Claude : La gare ! Vite
Le chauffeur roule à toute vitesse, arrive à la gare, elle lui tend 25 francs.
Claude : Merci
Elle ouvre la porte, et cours dans le hall.
Claude : Le train pour Paris s'il vous plaît
Le chef de gare : 11h42 voie D
Elle court sur le quai, s'approche de Louis et pose sa main sur son épaule.
Ils se regardent Louis pleure.
Claude : Restes
Ils se serrent dans les bras.
Le jour du mariage.

Bruno : Tous mes vœux de bonheur
Claude : Merci Bruno
Louis embrasse Claude.
La foule : Vive les mariés
Flash des photographes.
Mais le lendemain.
Claude : Chéri, regardes la couverture.
Il prend le magazine et lit.
Louis : Ce n'est pas si dramatique
Claude : L'histoire de mon premier mariage continu de me suivre
Louis : Ne dis pas ça…. Nous sommes mariées aujourd'hui, et c'est tout ce qui importe, tu sais bien que les journaux font tout pour attirer l'attention dans le seul but de vendre. Demain matin nous partons pour notre lune de miel, ne leur donnons pas satisfaction en la gâchant.
Claude : Tu as raison
Louis : Alors préparons nos bagages
Le lendemain matin, ils embarquent pour la Suisse à l'avion de 10h30.
Trois semaines plus tard, d'Orly.
Claude : Fernand
Elle lui fait la bise.
Louis : Merci d'être venu nous chercher, André n'est pas avec toi ?
Fernand : Non il est sur le tournage du « Trou normand » avec Brigitte
Louis : Belle femme
Claude : Louis
Louis : Je plaisante chérie
Fernand : Votre séjour en Suisse c'est bien passé ?
Claude : On ne pouvait rêver mieux ? N'es ce pas Louis ?
Louis : Oui c'était formidable
Fernand : Tant mieux, venez je vous emmener au Moulin de la Galette
Claude : Nous ferions peut-être mieux de poser nos valises avant…
Fernand : Mon chauffeur va s'en occuper, une fois nous avoir déposé au restaurant
Claude : Alors d'accord

Louis : Oui allons-y
Ils montent dans la voiture.
Fernand : Gilles, au Moulin de la Galette
Gilles : Tout de suite Monsieur
Il démarre.
Arrivés au restaurant.
Fernand : Gilles, veuillez apporter, les valises de mes amis chez eux 36 rue du faubourg
Claude lui donne les clefs.
Claude : Merci
Gilles : Tout de suite monsieur, de rien madame
Il part.
Gilles : Entrons mes amis
Ils rentrent et s'assoient.
Claude : Fernand, comment se sont passé les tournages de *« Don Camillo »* ?
Fernand : Très bien mis à part des problèmes techniques mais bon vous savez ce que c'est
Claude : Des nouvelles de Samia ?
Fernand : Oui on se téléphone régulièrement
Louis : Elle va bien ?
Fernand : Oui elle va venir à Paris danser pour le président.
Louis : Une belle opportunité en effet
Fernand s'allume un cigare.
Fernand : Oui depuis la sortie « d'Ali baba », elle est très demandée, surtout dans son pays.
Claude : Un film porte bonheur pour elle
Fernand : Faut croire
Louis prend la carte.
Louis : Voyons, voyons, qu'es que je vais prendre pour déjeuner
Fernand : Prends le poulet à la cannelle, il le fond bien
Louis : Humm, je pensais plutôt à des tomates farcies
Fernand : C'est bon aussi, et toi Claude qu'est-ce que tu prends ?
Claude : Pour moi une salade suffira
Louis : Tu n'es pas malade ?
Claude : Non mais le voyage a été éprouvant
Fernand : Garçon ! Garçon !
Le garçon arrive.
Le garçon : Oui Monsieur

Fernand : Nous avons choisi
Le garçon : Je vous écoute
Louis : Des tomates farcies
Le garçon : Et pour madame ?
Claude : Une salade de tomate
Le garçon : Bien et pour monsieur ?
Fernand : Des spaghettis s'il vous plaît
Le garçon : Vous désirez boire quelque chose ?
Fernand : Une bouteille de rosé
Claude : Pour moi une carafe d'eau
Le garçon : Je vous apporte ça
Il part et revient, et revient 20 min plus tard, il pose les plats sur la table.
Le garçon : Bon appétit messieurs dames
Fernand : Vous avez oubliez la carafe d'eau et le rosé
Le garçon : Je les apporte tout de suite monsieur
Il repart et revient, il les poses sur la table.
Claude : Merci jeun home
Le garçon : De rien madame
Ils mangent, Louis sert de l'eau à Claude.
Claude : Merci chéri
Deux heures plus tard.
Fernand : Garçon
Le garçon arrive.
Fernand : L'addition
Il part et revient avec l'addition.
Fernand : 425 francs, je vous invite
Louis : Mais non voyons.
Fernand : J'insiste
Claude : C'est très gentil Fernand merci
Fernand : C'est tout naturel
Il paye, ils se lèvent, partent et passe devant une grande maison au bout d'une rue.
Louis : Fernand, tu sais à qui appartient cette maison ?
Fernand : Oui c'est la maison de Yolanda
Claude : Elle est magnifique
Yolanda sort au bras d'un jeune garçon, elle leur sourit.
Yolanda : Bonjour vous allez bien ?
Claude : Très bien et vous ?

Yolanda : Oui ça va, je vous présente Jean
Louis : Enchanté
Jean : Messieurs Dames
Claude : Enchanté Monsieur
Fernand : Ravi
Ils se saluent et partent.
Fernand : Quelle fille formidable
Claude sourit.
Claude : Et tellement aimée de son public
Fernand : Mais toi aussi
Claude : Peut-être….
Fernand : Ne sois pas si modeste voyons
Claude : C'est vrai il y a quelques années encore nous étions inconnus et maintenant
Fernand : Eh bien maintenant, nous sommes des stars c'est tout
Ils se baladent toute l'après-midi, leur succès devient plus grand avec les années mais un jour….
Claude : Louis, chéri est-ce la fin ?
Louis : Ce n'est qu'une mauvaise passe voyons, le public finira bien par revenir
Claude : Mais s'il ne revenait pas….
Il la regarde tendrement.
Louis : Il reviendra
André et Fernand arrivent.
Claude : Bonjours mes amis
André : Ça va ?
Claude : On va dire que j'ai connu des jours meilleurs
André : Oui nous aussi
Louis : Il est vrai que l'on se fait vieux maintenant
Ils marchent en silence vers chez Claude et Louis.
Chez Claude et Louis.
Fernand s'assoit en silence sur le fauteuil, et prend le journal.
Fernand : Une fin pour un couple de Stars ?
Louis : Jettes ce tas d'immondices à la poubelle !!
Fernand : Décidément je ne comprends plus rien
André : On n'est peut-être tout bonnement passé de mode
Le téléphone sonne. Claude décroche.
Claude : Allô, Non…… merci, merci d'avoir appelé….
Elle raccroche.

Louis : Qu'es qu'il se passe ?
Claude : Bruno vient de mourir
Louis : Mon dieu……
Elle s'assoit effarée, Louis se lève s'assoit près d'elle et la prend dans ses bras.
Ils restent silencieux.
Fernand : Nous devrions allez le voir au funérarium
Claude : Je ne pourrais jamais....
Fernand : Nous le devons, c'est avec lui que tout a commencé
Elle pleure, on frappe à la porte, André se lève et va ouvrir.
Jean : Vous avez appris la nouvelle ?
André : Oui à l'instant
Il entre, André referme la porte.
Jean : Vous savez de quoi il est mort ?
Claude : D'une crise cardiaque….
Il s'assoit et regarde Claude.
Le lendemain matin chez Fernand.
André : Tu sais quand à lieux l'enterrement ?
Fernand : Oui on l'enterre au père Lachaise lundi, la cérémonie aura lieu à la madeleine à 14h
André : Tu crois qu'elle viendra ?
Fernand : Qui ?
André : Claude
Fernand : Je ne sais pas, ça risque d'être très dur pour elle
André : Tu t'en rappel de notre première là-bas ?
Fernand : Oui c'était il y a plus de trente ans maintenant
André : Comme le temps passe vite……
Deux jours plus tard aux funérailles de Bruno.
Le prêtre : Mes frères, nous sommes réunis en ce jour pour dire adieu à un homme, un homme qui a glorifié dans le tout Paris, par son lieu mythique le Flamerian.
A la sortie de la cérémonie et du cimetière.
Claude : Nous devrions lui rendre hommage
Louis : Oui mais comment ?
Fernand : Nous pourrions lui faire faire une statue
André : Excellente idée.
Claude : Il mérite tous les honneurs
Fernand : Oui, je vais me rendre, chez Monsieur Tabiso demain après-midi

Claude : Monsieur Tabiso ?
Fernand : C'est un sculpteur qui à son atelier dans le 15éme
Louis : Ah ce n'est pas celui qui a fait la sépulture du général Charac?
Fernand : Oui c'est lui
Louis : A ce qu'il paraît son travail est excellent
Fernand : C'est pour ça que je le propose
Claude : Louis pourrions-nous rentrer ? Je ne me sens pas bien
Louis : Tu as mal quelque part ?
Claude : J'ai la tête qui tourne, l'émotion sans doute….
Jean : Je vous raccompagne
Louis : Merci
Ils embrassent Fernand et André.
Fernand : Prends soin de toi.
Ils rentrent dans la voiture et partent.
Fernand : Pauvre Claude
André : Oui elle était très attachée à Bruno, il était comme un père pour elle
Fernand : Tu crois qu'elle va s'en remettre ?
André : On va tout faire pour
Ils marchent et croisent des journalistes qui s'avancent vers eux.
Un journaliste : Bonjour messieurs
Fernand : Bonjour
Un journaliste : Nous avons quelques questions
Fernand : Allez-y
Un journaliste : Ancienne star du cinéma français….
Fernand : Comment ça ancienne ? Je ne vous permets pas Monsieur
Un journaliste : Excusez-nous…. Vous avez connu le directeur du Flamerian au début de votre carrière
Fernand : Même avant
Un journaliste : Comment avez-vous vécu la mort de ce grand homme
André : Comment voulez-vous qu'il est vécu ? Mal évidement
Fernand : Tout ce que je peux dire, c'est que je suis profondément touché par sa mort, et suis très peiné pour ses proches, et pour sa famille, au revoir messieurs.
Ils partent.
Fernand : Ancienne star !! Je t'en foutrais moi

André : Ils auraient pu te dire ça à un autre moment
Un mois plus tard, une immense statue de leur ami producteur, trônait sur la place des capucins devant le music-hall.
Louis : Elle est vraiment belle
Claude : C'est comme s'il était encore là
André : Il sera toujours présent dans nos cœurs et dans celui du public
Fernand : Il est vrai que ce brave sculpteur à fait un travail hors du commun, au fait j'ai organisé une soirée avec feux d'artifice en l'honneur de Bruno.
Claude : Fernand tu n'aurais pas du
Fernand : Ça me faisait plaisir
Jean : Elle aura lieu quand ?
Fernand : Le soir du 22 juin à 20h au château de Riberville
Claude : Qui as-tu invité ?
Fernand : Tout le mondain parisien
Louis : Je reconnais bien là ta générosité mon cher Fernand….
Fernand : Oui je sais
Le soir du 22 juin.
Claude : Quelle fête somptueuse
Fernand : Et tu n'as encore rien vu, attends de voir le feu d'artifice
Claude : Quelle brillante idée d'avoir engagé un orchestre viennois pour l'occasion
Fernand : Et il s'agit du meilleur
Claude : Il en va de même pour le feu d'artifice ?
Fernand : Naturellement
Claude : Je vais voir où est Louis
Fernand : A plus tard
Elle part, arrive une femme.
Madame de Montesquieu : Toutes mes félicitations pour cette magnifique réception.
Elle lui tend le bras. Il lui fait un baise main.
Fernand : Madame
Madame de Montesquieu: Bruno vous en serait d'une grande reconnaissance
Fernand : C'est un honneur
Madame de Montesquieu : A quelle heure aura lieux le feu d'artifice ?

Fernand : Dans une petite heure chère amie
Madame de Montesquieu : Fort bien, Fernand, j'aimerai vous présenter le duc Convenant, grand ami de notre cher disparu
Fernand : Je vous suis
Claude rejoint Louis.
Claude : Louis ne pourrions-nous pas aller nous asseoir sur la terrasse il fait ci chaud ici
Louis : Tu devrais boire un peu
Claude : Oui, peut être un verre de limonade
Louis : je vais te le chercher attends moi
Il part, Claude se dirige vers la terrasse.
Louis revient et croise André.
Louis : Tu n'as pas vu Claude ?
André : Je l'ai vu partir sur la terrasse
Louis se dirige vers la terrasse.
Louis : Claude
Claude : Viens t'asseoir Louis
Il s'assoit.
Claude : J'ai été voir un médecin la semaine dernière
Louis : Oui ?
Claude : Il me recommande, le plus grand repos
Louis : Nous pourrions nous installer dans notre maison des Pyrénées, tu serais prête à quitter Paris ?
Claude : Peut m'importe l'endroit où tu m'emmèneras, je serai heureuse tant que nous serons ensemble.
Ils s'embrassent.
Un quart d'heure plus tard.
Fernand : Mes amis, pour clôturer cette soirée et rendre hommage à Bruno, nous allons assister à un feu d'artifice digne du 14 juillet.
Les invites sortent de la salle.
Feux d'artifice
Louis : Claude, regardes, Claude, Claude réveilles toi, mon ange, mon astre, mon étoile réveilles toi…
Il pleure.

2017, Alexy Laurenzi

Edition : BoD - Books on Demand
12/14 rond-point des Champs Elysées, 75008 Paris
Imprimé par Books on Demand GmbH, Norderstedt, Allemagne
ISBN : 9782322156863
Dépôt légal : mai 2017